我能管好我自己

漫畫小學生
時間管理

我能管好我自己：漫画小学生时间管理

文・圖／讀書堂

人物介紹

戚小風

性格開朗但有時調皮搗蛋，自詡聰明卻時常犯錯的「小屁孩」，沒有時間觀念，經常遲到，喜歡和家長「頂嘴」，但善良正直，喜歡幫助別人。

苗小花

個子不高有點兒瘦小的短髮女孩，和戚小風從小一起長大。成績好、乖巧懂事，是老師和父母眼中的好學生、好孩子，但有的時候有些敏感、慢熱、不擅長社交。

熊博士

戚小風父母和苗小花父母的朋友，智力超群尤其擅長兒童教育，是孩子們眼中「無所不知」的人，富有親和力，經常幫助孩子們解決生活中遇到的各類難題。

前　言

　　時間就像一條永不停歇的河流，轉眼間，你也從懵懂稚嫩的小朋友成長為小小少年了。也許你已經從老師那裡認識了小時、分鐘、秒的概念，或是你也曾聆聽過父母說珍惜光陰的教誨，那你是否思考過如何掌握時間，成為一個做事不拖拉、有計劃且守時的人呢？

　　本書以漫畫的情境，幫助你完成對時間的自我管理。書中的三十五個生活小故事，包含穿衣、吃飯、出門、學習、課餘生活等多種面向，教你如何提高效率使用時間，如何以正向態度面對流失的時間，以及怎麼妥善規劃未來的時間。

　　書中的小花和小風是一對從小一起長大的好朋友，他們對時間有完全不同的看法：一個喜歡提前做計劃，把任何事情都安排得井井有條；而另一個則總是遲到、

拖延、慢吞吞。

　　是發生什麼事讓沒有時間觀念的小風突然領悟時間的珍貴？他又是如何蛻變成為一個「時間管理小博士」的呢？讓我們一起到書中尋找答案吧！書中還有知識淵博、和藹可親的熊博士以科學分析時間管理小妙招，可以幫你一起改掉浪費時間的壞習慣。

　　旦丁曾說過：「聰明的人是珍惜時間的人。」把有限的時間投入更有意義的事情，是每個人一生都要學習的課題。學會時間管理的你，往後無論處在哪一個時期，都能加倍珍惜每個當下的時間，更加用心去耕耘和澆灌生命的農田，相信不久的將來，你能在投入熱情的領域裡發光發熱，收穫滿滿的豐美果實。

目錄

第一章

時間到底是什麼

滴答，我聽見了時間

晚上，小風躺在床上睡不著，心裡還想著媽媽剛才說的話：「都十點了，再不睡明天就起不來了。」小風從來沒有思考過時間是什麼。現在躺在床上，安靜極了，只聽見桌上的鬧鐘滴答滴答地響著，他第一次這麼仔細地聽時鐘的滴答聲。聽著聽著就有些恍惚了，彷彿真的感受到了時間……。

一分鐘漫畫

好吵啊！

▶▶ 時間在流逝，卻很少有人留意

　　時間很抽象，看不見、摸不著，但每一秒都在流逝。在你玩耍的時候，時間總是過得特別快。在你睡不著時，不妨聽一聽時鐘的滴答聲。無論你能不能感受到，每個人的一天都是二十四小時。

▶▶ 一起來感受時間

　　當你著急時，時間總會蹦出來，讓你難受不已。賽跑分秒必爭，考試馬上結束卻還有好多題沒做，上學要遲到了……這時你是不是很希望時間能再慢一點？

自 我 管 理 我 最 棒

　　雖然我說不出時間到底是什麼，但是從時鐘我能「看見」它、滴答聲讓我能「聽到」它。學會感受時間，才能更好安排學習和生活，我再也不想讓每天都亂糟糟的了，改變就從認識和感受時間開始。

・時間計劃・

時間的單位——年、月、日

今天是小風的生日，每年到了五月三十一日這天，爸爸、媽媽都會為他準備漂亮的大蛋糕。這一天是小風最期待也最開心的日子，不僅有很多他喜歡吃的東西，還有很多禮物。每年慶生派對結束後，就

會立刻開始期待下一次的到來。只是小風還沒發現，每次過完生日就代表一年的時間過去了，每長大一歲就距離童年越遠。

一分鐘漫畫

生日派對就是今天啦！

▶▶ 年、月、日計時單位的由來

遠古時代，人們對時間的概念很模糊，一般是「日出而作，日落而息」。漸漸地，人們通過觀察太陽、地球和月亮的運行規律，發明了年、月、日這樣的計時單位。試著想像一下，每過一次生日，就意味著地球繞著太陽轉了一圈，是不是很酷的一件事？

▶▶ 爲什麼你對時間沒概念

小朋友，你是不是對「昨天、明天、後天」這樣的時間概念缺乏感覺呢？而只知道「現在」呢？其實，大多數小朋友和你一樣，對時間的流逝不敏感，所以無憂無慮。但記得一定要珍惜時間哦！

你對昨天、明天、後天的感覺是什麼呢？

我只知道現在。

自我管理我最棒

　　時間太抽象了，有時感覺很漫長，有時又感覺很短暫。現在我終於知道一天、一個月、一年是怎麼來的了。每次生日到來，需要一年時間；每過一次生日也意味著一年的時間流逝了。這樣想來，我還是希望時間能夠慢一點，這樣就可以多做一些自己喜歡的事情了。

• 時間計劃 •

○

○

○

○

○

| 8:00 |
| 9:00 |
| 10:00 |
| 11:00 |
| 12:00 |
| 13:00 |
| 14:00 |
| 15:00 |
| 16:00 |
| 17:00 |
| 18:00 |
| 19:00 |

爲什麼說時間比金錢珍貴

> 爲什麼看電影要這麼早起啊？

> 時間就是金錢，早上的票價便宜呀！

週末一大早，小風就在媽媽的催促聲中醒來了，原來媽媽要帶他去看最新上映的動畫。雖然這是戚小風和媽媽在週三就說好的事，可他萬萬沒想到是一大早就去電影院。對此，媽媽說：「時間就是金錢，早上票價便宜呀！」小風怎麼也想不通爲什麼看場電影還需要考慮時間和金錢，心想：大人活得真累啊！

▶▶ 做任何事都需要時間

時間永遠按照自己的腳步行走，任何人都無法抓住它，但是我們可以利用它做有意義的事情。無論是創造財富，還是獲得知識，都需要經過時間的累積。試著想想看，你想用時間做點什麼事呢？

▶▶ 時間比金錢更加珍貴

假如你從每天的零用錢中存下一元，那麼一年後你就存了三百六十五元。金錢可以越積越多，但時間卻不斷流逝無法儲存。如果你每天都浪費一個小時，一年後就會浪費三百六十五個小時，所以時間遠比金錢珍貴。

每天存一元，一年就存了三百六十五元。

自我管理我最棒

我們很難把時間和金錢聯繫起來，其實是因為在我們的生活中，時間、金錢都被父母安排好了。如果我們能夠自己管理時間和零用錢，我想，我們會對時間和金錢有更深的體會。

· 時間計劃 ·

公車為什麼不等我？

等等我呀！

在兒童樂園裡，小風和小花玩得高興極了。他們首先坐在旋轉木馬上轉圈圈，接著坐在鞦韆上盪來盪去、然後又開碰碰車。這可苦了兩位媽媽，她們從頭到尾跟著跑來跑去。要不是因為小風和小花最近成績進步，不然不可能讓他們玩得這麼盡興。

小風和小花就這樣一直玩到天黑，直到媽媽們開始催促：「該回家了！」可是他們像是沒聽到一樣繼續玩。結果錯過末班車，公車就在他們眼前開走了。

熊博士有話說

▶▶ 做任何事情都有時間限制

午餐時間過了，下次早點來。

阿姨，來份午餐。

　　時間可以讓一切變得有序起來，比如：火車、飛機有出發和到達的時間表，籃球、足球比賽有時間限制，上課、下課也有課表……等等。人們用時間來安排事情，使得一切都變得井然有序。我們必須學會適應和遵守各種時間制度，否則就會給自己和他人帶來不便。

▶▶ 愛惜時間，時間才會和你變成好朋友

　　時間對任何人都是公平的，每個人一天只有二十四小時。學習、玩耍、吃飯、睡覺……你做的任何事情，都由你自由安排時間。因為時間不會等人，如果你沒有時間觀念，不知道安排時間的方法，那麼你一天的生活可能將會亂糟糟的。

自我管理我最棒

　　以前我覺得時間又好又壞，因為我有很多時間可以玩，但也有很多時間要去做不想做的事情。後來媽媽告訴我，時間並沒有好壞之分，問題在於自己如何對待時間——學會管理時間，就能和時間當好朋友。

時間計劃

5 我長大了，媽媽卻變老了

小風失眠了，他夢見自己不再是個小孩子了，每天都要早起去上班，每天累得回到家倒頭就睡。當他看到院子裡的媽媽時，一下子就嚇醒了，因為他看到變老

後滿臉皺紋、步履蹣跚的媽媽。醒來後的小風再也睡不著了，他似乎領悟：自己在不斷地長大，父母卻在不斷地老去的現象。

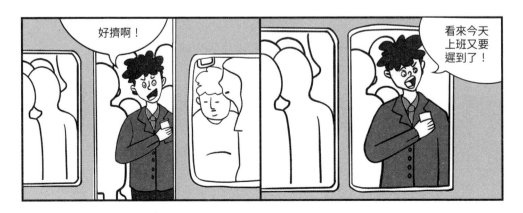

好擠啊！

看來今天上班又要遲到了！

熊博士有話說

▶▶ 時間會讓萬物漸漸消逝

也許再過××億年，我就要消失了！

時間與萬物息息相關，從兒時到長大，再到老去，時間記錄著我們的一生。不僅人類如此，動植物也如此，時間會讓萬物消逝，我們不必為時間的流逝而感嘆或悲傷，好好把握現在，去做該做的事才最重要。

▶▶ 管理好自己，就是管理好了時間

只有管理好自己，才能避免浪費時間。學生的主要任務就是學習，吸收好的習慣、新的知識等。管理好自己，也就等於管理好了時間。當你妥善安排一天的計劃並且完成時，就代表這天的時間你已經發揮最大的效用了。

今天我要做什麼呢？

自我管理我最棒

時間會讓我長大，也會讓爸爸媽媽變老，這是無法暫停的事。既然如此，那就不用特別再為這些事情憂傷了。我要做的就是在長大前好好利用時間學習，在未來發揮所長；在父母還沒有變老的時候，珍惜相聚的光陰，留下屬於彼此的美好回憶。

· 時間計劃 ·

第二章

練習規劃，善用時間

我的家庭作息表

這個是我們家的作息表，全家一起來調整作息。

小風的部分有詳細列出來。

為了加強小風的時間觀念並改善他的作息，全家人共同討論和規劃作息表，重點是將小風的時間做出詳細的安排。只要按照這個作息表執行，小風可以練習分配時間和得到完成進度的成就感。小風雖然一開始對配合作息表有些不滿，但是想到爸爸、媽媽也一起調整作息，還可以彼此相互監督很有趣。

一分鐘漫畫

我的快樂時光要開始啦！

熊博士有話說

為什麼我們的作息表不一樣？

因為我想要學習更多！

▶▶ 每個人都有自己的作息表

　　有了作息表後不僅可以充份安排時間，還可以養成良好的習慣。尤其對小朋友們來說，是一舉兩得的事情。不過，每個家庭的作息都有所不同，大家根據各自的狀況去規劃就好。

▶▶ 合理的作息表才真正有效

　　規劃作息表的前提是實際能完成，規劃上要有緊有鬆。比如平日早上時間緊迫，小朋友就要抓緊時間；晚上如果作業不多，則可以出去散散步。一件事情要安排在合理的範圍內，在能力內才能完成。

媽媽，這個安排太難了！

那我們再調整一下吧！

▶▶ 設立獎懲制度，獎罰要分明

小風按作息表做得很好。

謝謝媽媽！

　　作息表要妥善運用——可以搭配獎懲制度，做得好可以獎勵，做錯了要受到懲罰。如果做得好，能得到預先討論好的獎品；如果做錯了，也許是取消某一項你最喜歡的活動。我們可以讓獎懲制度幫助自己更確實遵守作息表。

自我管理我最棒

　　作息表制訂好後就要嚴格執行。雖然剛開始執行會有一定的難度,但這是養成充分利用時間、穩定作息的開始。照顧好自己,先從努力做到作息有規律,這樣就能夠逐漸形成精準的生理時間。

· 時間計劃 ·

時間	每日待辦事項
8:00	
9:00	☐
10:00	☐
11:00	☐
12:00	☐
13:00	☐
14:00	☐
15:00	
16:00	
17:00	
18:00	
19:00	

2 事前準備先做好再行動

> 都怪我們太貪玩了。

> 怎麼雨說下就下？

　　週末下午，小花找小風一起去公園溜直排輪。小風一到公園看到已經有不少小朋友也在溜直排輪，興奮得立刻穿上溜冰鞋一起加入。雖然天空開始變暗和颳起一陣陣的風，也無法阻止他們溜直排輪的熱情。再加上小風練習新動作，摔了好幾次。就這樣不知不覺玩到天快黑了，接著突然下起了雨，什麼都沒帶的他們，只好一路跑回家，身體因為淋濕冷得沿路不停發抖。

一分鐘漫畫

> 哇！好多小朋友喔！

咻──咻──

咻──咻──

熊 博 士 有 話 說

> 說明書如果先仔細每頁讀完後，就會更清楚步驟和概念。

▶▶ **做任何事情都要有準備**

　　不管是在生活或學習上，做任何一件事情都要事先做好準備，否則不僅事情會變成一團亂，還會浪費時間重新再做。前一晚的事前準備要仔細，譬如出門前要看氣象預報，下雨機率高要記得帶雨具。做事之前試著先思考步驟，預先想好幾種不同可能的變化，遇到突發狀況才能從容應變！

▶▶ **事前準備完整才更節省時間**

　　團體中有時候遇到同樣的事情，在一樣的條件下，有人可以提前完成，有人卻延遲，你屬於哪一種類型呢？其實這都和事前準備有關係，冷靜規劃的人會在做事前預想好步驟，這樣做事效率就會更好。

> 上午的進度我都提前做好了！

自 我 管 理 我 最 棒

　　古人說：「凡事豫則立，不豫則廢。」這句話告訴我們做事要有計劃和準備，這樣才可以更有品質和效率的完成。這也是時間管理的重要祕訣之一，我們充分的準備，提前預備好就能節省許多額外浪費的時間，效率當然就更好了。

· 時間計劃 ·

我的圓形圖作息表

要遵守你的計劃喔！

我的圓形圖作息表完成了。

　　不擅長時間管理的小風，突然對爸爸、媽媽提出一個請求，他想規劃自己的圓形圖作息表。父母聽了小風的話後，都感到太不可思議了，小風這是又在玩什麼把戲呢？原來是小風在看到小花的圓形圖作息表後，他也想試試看學習小花的方法。雖然他並不清楚能否順利達成，但光是有這個想法與熱情，已經讓父母感到很高興了。

一 分 鐘 漫 畫

小花，你手上拿的是什麼啊？

圓形圖作息表，這樣看就更清楚了。

> 再檢查一下，看有沒有漏掉什麼？

▶▶ 圓形圖日計劃要共同制訂

　　圓形圖可以清楚反映你一天的生活。在制訂圓形圖日計劃前，可以先記錄一下你一天都做了些什麼；然後將所有的事情和時間畫成圓形圖，看哪些地方疑似浪費時間；再跟爸爸媽媽一起商量，共同調整。這樣就可以做出完整的圓形圖日計劃了。

▶▶ 有助時間管理的圓形圖

　　圓形圖就像時鐘，把一天分成二十四小時，可以更具體看出自己什麼時候學習、娛樂和休息。你做的每一件事都可以記錄在上面，採用這個清晰明瞭的方法來安排作息和計劃，可以讓自己更清楚知道提高效率的方法。

> 完美！

自我管理我最棒

　　圓形圖作息表看起來很酷，但執行起來可不簡單，因為要在規定的時間內完成該做的事情，需要強大的毅力。所以一開始做不到也不用灰心，因為我知道這需要一段時間練習才上手。如果我把它當作一項挑戰去完成，是一件很有意義又好玩的事情。

· 時間計劃 ·

告別凌亂的週末時光

週末可以說是大家一週當中最輕鬆的日子,已經早上八點半了,小風還在呼呼大睡,而且小風的爸爸、媽媽也是還沒起床。週末雖然不用上班、上學,但也不能打亂規律的作息呀!原來他們不知道破壞了規律,也是一種浪費時間。

呼嚕。

媽媽,我肚子餓了!

> 按時起床，迎接美好的一天。

▶▶ 週末作息一樣要規律

週末是休息日，但這並不代表可以毫無計劃。雖然週末大部分時間可以用來娛樂，但是學習也不能荒廢。要妥善安排學習和玩樂的時間，做到作息有規律，才能長期執行時間計劃。

▶▶ 週末計劃可以稍微放鬆

通常週末的規劃可以安排得寬鬆一點、娛樂時間稍微多一些，這樣偶爾放鬆的效果，可以讓學習效率更好。建議雨天室內與晴天戶外平均分配，在戶外無論是去公園輕鬆的玩一玩、還是登山步道自在的走一走，只要愉快的參與都很好。

自我管理我最棒

週末的時光總是令人期待，因為我可以無拘無束地玩耍。如果能更好地安排時間，不僅能按時完成學習進度，玩得也更開心。所以我要規劃出週末計劃表！

• 時間計劃 •

考前複習計劃做得好，考試沒煩惱

聽說小花這次考得很好。

小風期末考成績不理想，因此被媽媽罵了。小風請教小花後，得知她語文學習得心應手，而且聽小花分享才發現到，期末考試前做好複習計劃是很重要的。而小風卻毫無條理地複習，所以才會考得不理想，因此他決心改變複習的辦法。

下次期末考，我可以複習得更好！

▶▶ 心中有目標，行動有計劃

　　想要獲得更好的成績，必須付出努力。一個有效的考前計劃是成績進步的重要條件之一。首先要確立目標，如果這次錯五題，下次目標是低於錯五題。接下來就是分析錯誤，瞭解關鍵的原因。最後是規劃詳細，譬如規定自己各科的複習時間、每天固定做幾題，重點複習自己不熟的地方。

▶▶ 注重效率，掌握時間

　　時間安排是有訣竅的，在不同的時段，效果便有所差別的。你應該也有這樣的體會，某些時間讀書效率特別好，譬如有人喜歡選清晨來背課文。而在有些時間則事倍功半，像是剛吃飽或睡前讀書感到昏昏欲睡。所以高強度的學習安排時間點要選在精力最好的時候；在零碎的時間則進行一些簡易的練習。

▶▶

常寫錯的造詞總算記得了，接著造句練習後，就可以寫作文了！

　　在執行計劃的過程，要隨時檢查效果，看看之前的問題解決了沒？如果遇到計劃的困難處，及時調整和確認，才能順利按計劃讓學習的基礎更穩固，一步一步的穩定成長。

自我管理我最棒

　　考試是確認學習成果的方法之一，所以一次成績不理想並不代表學習力不夠，可能只是現階段的方法不適合。所以平時除了認真學習，考試前做好複習計劃，我相信穩定持續的複習後，我會更進步。

· 時間計劃 ·

○

○

○

○

○

8:00

9:00

10:00

11:00

12:00

13:00

14:00

15:00

16:00

17:00

18:00

19:00

第三章

積極面對拖延心態

你是拖拖拉拉型的學生嗎？

　　每次寫功課就東摸西摸，總是把學習進度往後推……，小風拖拖拉拉的壞習慣在幼兒園時就養成了，雖然升上小學後已經調整過作息，還是常被媽媽罵。媽媽常以小花給小風當榜樣，因此讓小風很想知道小花安排進度的秘訣，他相信自己改掉這個拖延的毛病後，成績一定可以更進步。

▶▶ 拖拖拉拉的原因和分類

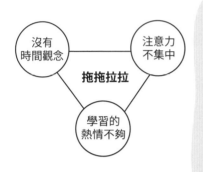

沒有時間觀念 — 注意力不集中

拖拖拉拉

學習的熱情不夠

　　為什麼你在學習上的效率總是拖拖拉拉？原因有很多種，常見的是沒有時間觀念，比如對五分鐘、半小時這樣的概念很模糊，這樣就會容易浪費時間；再來是注意力不集中，把學習時間拿來想東想西、玩這玩那，這樣的話寶貴的時間一下子就過去了；更重要就是對學習的熱情不夠，就會變得容易心不在焉。

▶▶ 整理環境，讓自己專心起來

　　你的書桌上是不是擺滿了玩具和零食？因為它們很容易讓人分心，請記得一定要先把它們收好！保持桌面整潔和安靜的環境，學習才能夠專心，達到事半功倍的效果。

自我管理我最棒

　　學習的目的是為了幫助自己成長，沒有人能夠代替，拖拖拉拉只會浪費時間，而且還會縮短自由時間。如果能夠一開始就專心把學習進度完成，確實完成後剩餘的時間就可以好好運用了。試著練習增加效率吧！

・時間計劃・

我不是賴床的孩子

晚上睡不著、早上起不來，這大概是很多小朋友的真實寫照。小風曾經也是個愛賴床的孩子，舒服的被窩對他來說太有吸引力了，平日因為要準時上學才早起，假日他能夠睡到過中午。媽媽每天的催促聲猶如雷鳴，讓小風經常從睡夢中驚醒，因此每天早上母子都像戰爭般。後來媽媽試過各種方法，漸漸幫助小風可以靠自己的力量按時起床。

呼⋯⋯嚕。

戚小風，起床了！

▶▶ 試著找一找賴床的原因

> 大人也是會賴床啊！

> 每天都賴床！

　　你有沒有發現偶爾早起的原因，像是前一天晚上早睡，第二天自然醒來的時間早；或是期待著第二天的活動，興奮得一早就起來了。賴床也是跟早起一樣是有原因的，像是前一天睡得太晚；或是受到父母作息的影響；還沒養成早睡的習慣。所以先清楚原因後，就可以努力改變。

▶▶ 相信自己，你能早起

　　早起能將一天的活動時間拉長，先試著讓自己每天提前幾分鐘起床，慢慢訓練後就能達到按時起床的目標。當然如果計劃早起，一定要記得早睡！晚上十點前入睡才能擁有充足的休息時間。還有要記得準備鬧鐘，自己調好預定起床的時間，久而久之就能逐漸養成早起的習慣了。

▶▶ 早起的生活會更充實

　　早起可以讓人做事更從容，不必匆匆忙忙刷牙洗臉、吃早餐。如果是週末早起，還可以享有半小時晨間運動，或者是半小時晨讀之後再悠閒享用早餐。這樣的早晨一定比起睡到過中午更加充實。

自我管理我最棒

　　我們為了早起，需要努力戰勝睡意，雖然這過程並不容易，但是我們可以提醒自己——成功的第一步在於善用時間。再試想一下，每天早起一小時，一週就是七小時，一個月就有將近三十個小時，日積月累的時間拿來有效運用，可以讓我們更進步。

• 時間計劃 •

時間	每日待辦事項
8:00	☐
9:00	☐
10:00	☐
11:00	☐
12:00	☐
13:00	☐
14:00	
15:00	
16:00	
17:00	
18:00	
19:00	

我可以有效率的整裝出門

對小風來說，搭配衣服是一件非常開心的事，可是有時候搭配也會帶來煩惱。像是有一天小風起床後，選來選去想不到穿哪件衣服，選累了又躺回被窩裡，讓這天的出門效率更低。後來小風在媽媽的幫助下，終於想到辦法，從此可以高效率完成出門準備。

這樣搭配應該可以吧？

一分鐘漫畫

我起床了。

要穿哪一件好呢？

▶▶ 早晨時間用來搭配服裝太緊迫

早晨的時間是寶貴的，要做的事很多，這時搭配服裝會壓縮到其他事情的時間。不論你是不知道穿什麼在挑選衣服，還是因為動作慢吞吞。無論是哪種原因，都請試著改變吧！這樣出門前的時間才會更充足。

▶▶ 提前準備好第二天穿的衣服

為了節省出門前的時間，我們可以在前一晚就把第二天要穿的衣物準備好。晚上花個幾分鐘就能準備好，就算一時不知道穿什麼，也能有充分的時間考慮，如此一來第二天起床隨手拿起就能穿，可以讓出門效率提高許多。

自我管理我最棒

雖然穿衣服是很簡單的事，但是再簡單的事也需要練習。學會自己搭配和穿衣服，養成獨立的好習慣是成長的必修課。前一晚提前準備好，讓效率更好！

· 時間計劃 ·

4 養成吃飯好習慣

看似簡單的吃飯這件事，對有些孩子而言卻不容易。像是挑食或是不專心而吃的太慢，導致吃一頓飯將近一小時。小風吃飯也有許多「問題」，像是他喜歡邊吃邊玩，除了吃得久，還會掉得滿桌飯菜。媽媽認為小風這樣的狀況如果不改善，全家的作息都因為吃飯而延誤了。

一 分 鐘 漫 畫

怎麼沒有肉呢？

不想吃就放下筷子，翻來翻去太沒禮貌了。

▶▶ 慢慢養成吃飯限時的習慣

> 反正媽媽不催我……

很多時候吃飯慢是因為家庭氣氛太放鬆,因為不像團體生活要嚴格遵守時間表。其實我們在家即使放鬆,也可以設定好吃飯時間,只要全家人一起堅持,慢慢就能養成限時的習慣。

▶▶ 一起準備料理

製作三餐料理的過程有哪些呢?你不妨試著從買菜開始,一起參與料理過程,從備料、烹調到上桌,體驗烹飪的樂趣。動手做的過程,相信能讓你更加期待用餐的時刻。

▶▶ 留意零食的吸引力

零食的吸引力不分年齡,但如果我們一不小心吃過多的零食時,吃正餐時間當然就不餓了。除此之外,過多的零食對身體是有害的,不但容易導致肥胖,還會讓身體有過多負擔。因此留意零食的吸引力,三餐好好吃飯才能讓身體健康成長。

自我管理我最棒

　　很多時候不想吃飯，是因為挑食或是零食吃得太多了，也可能是心情不好故意拖拖拉拉。其實吃飯是自己的事，跟父母賭氣不吃飯或者拖拖拉拉影響的是自己的身體健康。所以我們要好好吃飯，這樣才能擁有健康的身體。

・時間計劃・

	時間
	8:00
○	9:00
○	10:00
○	11:00
○	12:00
○	13:00
	14:00
	15:00
	16:00
	17:00
	18:00
	19:00

5 準時睡覺是個大難題

愛玩是孩子的天性，小風總是因為白天玩得太瘋狂，到了晚上還精神十足，遲遲不肯睡覺。這對於一個要上學的孩子來說可是一個很不好的習慣。因為只有睡眠充足，才能第二天上課專心學習；更重要的是熬夜會擾亂生理時鐘，尤其對還在發育的身體是損害健康的行為。平時爸爸、媽媽已經在小風的耳邊提醒很多次早睡的重要了，所以他也想試著改變。

▶▶ **晚睡的影響其實很多**

晚睡會讓身體無法好好發育。

　　孩子正處於身體成長的階段，除了飲食很重要，睡眠也是影響健康的關鍵因素。晚上是生長激素分泌的高峰，晚睡會減少生長激素的分泌，所以會影響到身高；而且長期晚睡，會導致免疫力下降，變得容易生病，所以一定要記得提早睡覺。

▶▶ **規律的睡眠時間很重要**

　　睡眠會受環境影響，如果父母作息比較晚，甚至熬夜是在看電視，想必讓你很不服氣吧？因此這個時候你可以試著向父母提出建議，約定好全家人共同的睡覺的時間，營造良好的睡眠環境，讓家庭更幸福快樂。

媽媽不睡，我也不睡！

小風，你趕快睡覺了！

自我管理我最棒

　　每天晚上都不想睡覺，這是很多孩子都存在的情況，我也不例外。當被爸爸媽媽要求睡覺時，我要學著放下手中的玩具，及時入睡。因為養成準時睡覺的習慣，不僅是愛惜時間的表現，更是對學習和生活都很有幫助。

第四章

重要的事要先做

待辦事項要排出先後順序

背課文、寫作文、算數學、畫畫……。

　　這個週末的小風不像平時那樣興奮，因為有一大堆的待辦事項在等著他。想到這些堆積如山的事情，小風頓時就像泄了氣的皮球，因為他覺得看來今天沒時間玩了。煩躁的小風從一起床就愁眉苦臉的，媽媽看到他唉聲嘆氣的樣子，立刻就猜到原因了，便對小風說：「待辦事項看起來雖然多，但只要學會排序，按順序一件件完成，其實很快就能完成了。」

一分鐘漫畫

麼多事情，要從哪一件開始呢？

▶▶ 代辦事項要排出先後順序

今天的事情，要從哪一件開始呢？

如果一天需要完成很多事，並且希望在有限的時間裡有效率的完成，是需要排順序的訣竅。例如：早上記憶力最好，適合安排閱讀、背誦的行程；晚上安靜適合創作的進度。安排時先預想過適合的時間，效果會更好。就算是一天滿滿的行程，先評估行程適合的時段再排出優先順序，效率會更好。

▶▶ 不同的人，對時間的利用不同

為什麼同樣的事情，有的人很輕鬆就做完了，而有的人卻拖泥帶水甚至最後疲憊不堪？其實這是運用時間的方法不同所導致的。如果想要提升學習品質，一定要懂得有效率去分配時間。譬如可以調好鬧鐘，安排每一段時間是做什麼事情專用，有規劃過的時間才不會不知不覺的浪費。

不會吧！我還可以去露營！

為了寫完功課，整個週末都寫個不停。

自我管理我最棒

如果常常沒辦法按進度完成，那更要趕快練習排序的技巧！事情一件一件的安排進度，再預想適合安排的時段，這樣逐一分析過後的安排，看起來就不可怕了，接下來只要安心的一步一腳印完成啦！

• 時間計劃 •

2 重要且緊急的事要立刻去做

　　今天對小風來說是個特別的日子，因為他要當升旗手了。然而粗心的小風卻差一點遲到，因為他早上賴床所以出門太匆忙，快到學校才發現沒帶名牌。都快遲到了還是得回家一趟，因為穿便服一定要別名牌，所以小風只好跑回家亂翻一通，再立刻衝回學校，差一點就失去當旗手的機會了。

一分鐘漫畫

▶▶ 出現緊急事情時，冷靜的立刻處理

> 還有五分鐘出門，課本找不到怎麼辦？

當遇到緊急狀況時，我們難免會不知所措，甚至會有崩潰的感覺。所以這時一定不能著急，盡可能的保持冷靜，思考方法後就立刻開始處理。如果此時拖拖拉拉的，很可能會變成嚴重的後果。假如一時想不出完整的解決方法，建議還是要先開始處理，一邊處理一邊繼續想解決的辦法。

▶▶ 把最重要的事排在第一位

每一天我們都有固定的行程，除了主要的學習，還會有生活上的其他事情。不妨試著把每天的固定行程排序，練習把最重要的那件事情挑出來，優先把最重要的事完成。譬如週末最重要的行程是完成數學作業，那就一定要先完成它，那麼剩下的行程就很輕鬆了。

> 把最重要的數學作業做完，剩下的任務就輕鬆了。

自我管理我最棒

有時候我們會碰到一些感到煩惱的事，但如果刻意去忽略，反而會一不小心就壓力太大。在每天的生活中，我們先把精力用在重要的事情上，倒吃甘蔗的行程，會讓我們效率高而且保持心情愉快。

・時間計劃・

重要但不緊急的事 提前做準備

今天家裡剛好有客人，明天再去買吧？

媽媽，我想現在去買運動鞋。

　　一年一度的校慶和運動會即將到來，小風要參加賽跑。下週一就是比賽的日子，可是小風這兩天卻發現鞋子壞了，要趕快在比賽前買新的。放學回家後，小風希望媽媽現在帶他去買，但是剛好今天媽媽和朋友在家裡聚會，所以現在沒空帶他去買，小風因此急到快哭了。

小風，你不是有參加賽跑，你上次說鞋子壞了，買新的了嗎？

糟糕！我忘記了！

媽媽，我回來了！阿姨好！

> 爸爸，我們現在去買水彩筆！

> 我們週末才要去寫生，今天爸爸週一要截稿，現在不能帶你去買！

▶▶ 遇到重要的事情要冷靜思考

遇到重要的事會讓人緊張，但是不加以思考就立刻處理，有時候反而是一來一回的浪費時間，因為有些重要的事其實並不急著做，你可以有充足的時間準備。所以我們遇到事情時，要先冷靜判斷重要的事是否需要優先處理。

▶▶ 提前做準備很重要

重要但不緊急的事情雖然不用優先處理，但也不能拖延！因為一旦拖延就會讓進度變得很急迫。尤其拖到最後一刻才行動，可能會變得一團糟。所以要早規劃、早準備，每天安排做一點，才能從容地完成任務。

> 明天一早我們要出發去家族旅行，你準備好行李了嗎？

自我管理我最棒

事情都有先後順序，尤其在有限的時間裡，學會判斷事情的輕重緩急是非常重要的。雖然一開始要做到當下清楚判斷不容易，需要經過不斷地練習，不過多幾次經驗後我一定可以更厲害。

· 時間計劃 ·

不緊急的事也要有計劃

爸爸、媽媽答應週末帶小風去露營，雖然距離還有幾天的時間，但是剛好今晚沒事，小風趕快和爸爸、媽媽一起討論該做哪些準備。爸爸、媽媽因此對小風事前計劃的行為很讚賞。這陣子小風經過一些練習後開始明白，有些事情即使不緊急，但是在有空的時候可以預先做準備，這樣才不會匆忙間有漏掉的東西。

熊博士有話說

▶▶ 不緊急的事要抽空規劃，才能預防忘記

趁今天有空檔，來先做一些賀年卡。

在日常生活和學校課程中，有些事情是當下不急的，譬如假期的出遊、節日的卡片製作、寒暑假作業的完成。通常不緊急的事都可以提前做計劃或準備，當平時有空檔時就提前做一些預備的工作，這樣到有完整時間的時候，就可以增加完成的效率。

▶▶ 認真計劃後要確實完成

一鼓作氣把計劃完成了！

不急的事可以放慢計劃的速度，只是要注意如果是判斷短時間可以做完的事，只要開始之後就要盡快做好。如果開始之後又拆成好幾次，不僅進度斷斷續續，還可能因此花費更多時間想前面的進度。因此記得安排時間計劃要盡量完整，開始之後就一口氣完成。

自我管理我最棒

生活中有各式各樣的事情，要把精力拿來完成最重要和緊急的事情，但其他不急的事也不能忘記。因此不急的事也要儘早排進行程裡，完整的計劃和安排，這樣才能夠有效利用時間。

・時間計劃・

5 分辨可以請人幫忙的事情

小花，我下午要請假，能幫我拿作業簿嗎？

沒問題。

　　小風和小花既是同學也是從小一起長大的好朋友，無論什麼事他們都互相幫忙。不過也有例外，譬如小風很討厭寫英文作業，每次都想拜託小花幫忙，他的如意算盤是如果小花幫忙寫，他就有時間去玩了，只是每次都遭到小花拒絕，原來小風還不會分辨可以請人幫忙的事情有哪些。

一分鐘漫畫

小花，你就順便幫我一起寫作業。

不可能！

小氣！

▶▶ 不能養成依賴的習慣

拜託你幫我寫數學練習吧！

不行！學習要靠自己！

在日常生活和學習課業上，有些事情是要親自動手做的，有些事則可以偶爾找人幫忙。因此我們要能懂得分辨清楚，否則不知不覺會讓自己變懶惰，而且時常如此還會破壞人際關係。

▶▶ 請人幫忙的次數要留意

無論是找家人、同學還是朋友幫忙，都要留意次數不要太多。有時候太熟悉的人際關係，反而會讓人忘記留意，變成什麼小事情都要找人幫忙。記得提醒自己，請對方幫忙不是理所當然的事情，這樣彼此的關係才能夠愉快的長久維持。

這個文具組送你，謝謝小花幫忙我那麼多次。

自 我 管 理 我 最 棒

可以請別人幫忙的事，通常是指時間有限的情況下，拜託別人幫一些不太重要的事情。雖然這是規劃時間的一種辦法，但我們平時只要有效安排時間的話，在充足的時間下就要盡可能靠自己做好，讓我們從做事的經驗裡得到各種練習的機會，幫助成長和獨立的能力。

· 時間計劃 ·

第五章

快樂學
盡情玩

和好朋友一起學習的快樂

　　學習除了要有內在動力，外在環境也是重要的影響因素。如果能認識志同道合的好朋友，一起學習並且互相提醒，對於提升學習效果更有幫助。小風能有小花這樣的好朋友，和她一起看書，不只讀書氣氛好，小花還能給他不少建議。如果想增加學習效果，享受學習的樂趣，試著找到能夠共同學習的好朋友吧！

每次和你一起寫功課，都可以很快寫完！

▶▶ 好的讀書氣氛能影響人的態度

當我們在學習時，好的讀書氣氛可以幫助彼此一起進步。當我們所處的環境是好的氛圍時，就會漸漸互相影響，不知不覺產生更多學習的熱情。所以平時我們多和認真學習的人互動，潛移默化彼此認真的態度，可以讓雙方一起更進步。

▶▶ 認真規劃良好的學習環境

學習環境的重要性不言而喻，想要成績進步就要試著經營良好的學習環境。譬如週末可以和同學一起去圖書館看書、寫作業，或是參加感興趣的讀書會，也可以邀請好朋友來家裡一起共享閱讀的快樂。

自我管理我最棒

古人說：「三人行，必有我師焉。」在學習的過程中，認識一些熱愛學習的同伴，經過彼此討論後，能夠互相彌補自己學習上的不足。因此平時除了自己讀書，還可以多加入讀書氣氛良好的團體中，在互動中共同成長。

· 時間計劃 ·

分析目標，再分批完成任務

這麼厚的書，暑假看得完嗎？

可以學習分批完成的方法，就可以看得完。

　　「學習是不能隨便的！認真學也要認真玩。」媽媽經常這樣提醒小風。喜愛歷史的小風打算趁暑假把兒童版《三國演義》認真讀完，拿到書後他就整天抱著書，片刻不停的一直讀。媽媽雖然對小風的認真很欣慰，不過她還是提醒：「認真讀書很好，但這本書太厚了！要學會分段完成目標，分批的效果更好。」小風也覺得一口氣讀完的確太累了，就接受媽媽的建議。

一分鐘漫畫

放暑假啦！我要看完這本書！

關羽過五關斬六將，真是太精彩了！

> 下週就期末考了，來分配一下國語和數學的複習目標和時間。

▶▶ 學會規劃步驟後再做事情

無論是學習或是生活，當我們要完成複雜的事需要比較多時間，秘訣就是把這件事分成一件一件的小事，然後每天堅持做一點點，這樣看來難以完成的事情就漸漸輕鬆做完了。這種將一件大事拆成小事，然後按照計劃分配時間的做法，可以訓練我們分析步驟的能力和增加做事的耐心。

▶▶ 分析步驟要合理規劃

一件大事要分成多少件小事，或是分成多少個步驟來進行，需要以計劃的總時數來分配。譬如看同一本書，以十天或二十天來分配，不同天數所分配需要看的量是不一樣的。因此要合理分配進度，要在自己的能力範圍內，才不會過於緊迫或寬鬆。

> 我要一天讀兩篇？還是一天讀三篇？

自 我 管 理 我 最 棒

分步驟做事情是一個非常值得學習的方法，它可以讓我們更加有信心地去完成看起來很難的任務。如果你也想學會這個技巧，不妨在平時找機會練習。像是和媽媽一起做飯，可以分為挑菜、洗菜、切菜、下鍋等步驟。只要你生活中掌握了這個技能，學習上也能做到有條不紊。

· 時間計劃 ·

3 感覺累得時候記得暫停片刻

戚小風，趕快寫完你的功課！

我都已經寫一整天了！

學習是一件需要大量腦力的事，當我們在學習時，需要理解和記憶，大腦快速不停地運轉著。如果持續太長時間，大腦就會越來越遲鈍，效率也會變慢。因此長時間大量學習並不是讀書的好方法，建議你可以在感覺累的時候暫停片刻，試著聽聽音樂，或是站起來伸展活動身體、看看窗外遠處讓眼睛放鬆，休息過後再繼續的學習效果會更好。

一分鐘漫畫

這算式好複雜啊！

How do you do?

107

> 真舒服。

▶▶ 要懂得適當放鬆的技巧

大腦不是機器，長時間高速運轉容易疲勞，反而會讓學習效率降低。大腦也像琴弦，繃得越緊越容易斷。與其讓大腦疲勞到極點，不如學會適當放鬆的技巧，讓大腦學習的效率更好。

▶▶ 休息的心態很重要

休息是在長時間的努力中停下來片刻放鬆，而不是面對困難時的逃避。因為我們在學習的過程中，遇到難題是在所難免，如果因此找藉口休息，反而會讓學習進入瓶頸，所以有時候也要觀察自己休息的心態。

> 做不出來，
> 暫時休息。

自我管理我最棒

學習是需要堅持不懈的毅力，而不是用蠻力、用熬夜去拚命。懂得適時放鬆，在察覺疲勞的時候適度休息，對身心的健康非常重要。感覺累了就放鬆片刻，如果發現休息頻率變多，也要觀察自己是不是遇到瓶頸，才會找藉口來逃避。

· 時間計劃 ·

4 輕鬆的娛樂時間

　　電視、手機、平板電腦等電子產品,已經成為人們日常生活的必需品,雖然小朋友大部分是為了線上學習,偶爾用來看影片玩遊戲放鬆,卻不知不覺漸漸佔據了大量的時間。小風剛開始對這些電子產品毫無抵抗力,一有時間不是在玩手機、平板電腦,不然就是看電視,因此讓學習時間被壓縮。後來在媽媽的幫忙下,小風才清楚現階段學習才是最重要的事。

真好玩!

希望他能持之以恆。

看來小風學會自律了。

111

熊博士有話說

▶▶ 適當娛樂有助於放鬆心情

> 這個故事真的好有趣。

　　在繁重的學習之餘，適時進行一些娛樂活動，能夠達到放鬆的作用。譬如在感覺疲勞時，看動畫短片或玩趣味的學習軟體，不僅有助於放鬆心情，還可以增加課外知識。不過需要注意使用時間，以及選擇適合兒童的主題。

▶▶ 認識沉迷於電子產品的危害

　　電子產品有一定的輻射，長時間盯著螢幕，眼睛休息不足會影響視力。你一定不希望戴上眼鏡吧？那是很不方便的。甚至不注意的話會變成沉迷電子產品，那會讓學習時注意力不易集中，甚至會因此減少人際互動而變得孤僻，影響到的層面很廣。所以我們為了健康，一定要認識沉迷電子產品的後果。

> 看東西變得好模糊啊！

▶▶ 自律使用電子產品的時間

> 我設定的十五分鐘時間到了。

　　在學習之餘適度的娛樂也是必要的，我們可以選擇字音字形、猜謎的益智類遊戲。為了自律和減少盯著螢幕，可以和父母約定使用電子產品的時間，一到約定時間就立刻歸還給父母，降低對電子產品產生依賴。

自我管理我最棒

　　手機、平板電腦、電視裡有太多吸引人的內容，如果不加節制，對視力和學習、日常生活都會產生很大的影響。幸運的是我們有爸爸、媽媽的幫忙，我們可以更順利安排時間，去做更有意義的事，讓我們練習自我管理養成自律的習慣。

• 時間計劃 •

8:00	每日待辦事項
9:00	☐
10:00	☐
11:00	☐
12:00	☐
13:00	☐
14:00	☐
15:00	
16:00	
17:00	
18:00	
19:00	

出發！我的假期開始了

考完期末考啦！假期開始！

　　緊張的期末考終於結束了，小風這次因為練習時間管理，分批複習而得到好成績，爸爸、媽媽決定帶小風去旅遊。鼓勵小風因為時間計劃而取得好成績，認真複習了好長一段時間，應該好好放鬆一下了。小風也很高興他的努力有成果，原來只要認真規劃，就可以做得到，接下來的假期他打算要繼續認真學習、盡情玩。

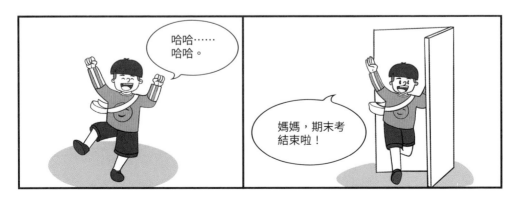

哈哈……哈哈。

媽媽，期末考結束啦！

熊・博・士・有・話・說

▶▶ 學習進度要適時放鬆

加油！考完就可以放假了！

　　考試是一件令人緊張的事，尤其是考前的複習，雖然容易讓人神經緊繃，但會隨著考試結束而逐漸消失。其實在學習的過程裡有壓力、有放鬆，對我們的抗壓力培養更好。複習的時候要認真，考完之後就放鬆，具有抗壓力的我們才能持續保持旺盛的學習精力。

▶▶ 認真學，盡情玩

　　即使我們珍惜時間，也不是所有時間都用來學習，玩也是很重要的一部分。如果學習的時候想著玩，玩的時候又擔心學習，這樣反而無法盡情投入。試著在玩的時候暫時把學習拋到一邊，盡情地釋放內心的壓力，學習的時候再完全專注，試試看認真努力學、也盡情努力玩。

自 我 管 理 我 最 棒

　　時間是珍貴的，無論是學習、娛樂，都要好好投入、好好把握。練習有效運用時間，才能學有所樂，玩有節制，慢慢養成珍惜時間的習慣。

· 時間計劃 ·

第六章

高效率的技巧，
珍惜每一秒鐘

保持專心是提高效率的秘訣

要怎麼保持專心呢？

做事效率和工作時間的長短沒有直接關係，而是在於個人當下狀態。如果想有效率的完成任務，和學習是一樣的原則，集中注意力是非常重要的關鍵。小風雖然明白專心對學習的重要，但是很多時候他都難以集中注意力，所以常常別人半個小時能完成的功課，他卻要寫一個小時。可見缺乏專注力，就算坐在書桌前的時間比別人多，也是浪費時間和精力的行為。

一分鐘漫畫

到底要怎麼專心啊？

小風，想想看哪些事情會讓你分心呢？

熊博士有話說

▶▶ 為什麼不容易專心？

> 專心一點！

> 昨天太晚睡，現在好愛睏。

　　不容易專心的幾種可能原因有：寫功課時客廳傳來電視的聲音，環境太多聲音容易分散注意力；睡眠不足、飲食和運動不規律，會讓身體減少專注所需的能量；做事的熱情不足，或是平時沒有培養專注的方法……等等。所以要試著減少造成分心的原因，才可以慢慢提升專注力！

▶▶ 練習分段學習法

　　維持專注力的時間是有限的，每個人能夠維持的時間長短也有所不同。如果你平時能夠集中注意力半個小時，那就試著每半小時放鬆十分鐘，再接著專注半小時後接著放鬆十分鐘。如此循環分配時間，這就是分段學習法，藉由這種方法持續訓練，你的專注力就會漸漸提升。

> 怎麼樣才能夠專心呢？

> 有一種分段學習法，可以試試看。

▶▶ 培養有興趣的事情

> 你寫功課可以這麼專心就好了。

　　你可能也有發現，當在做感興趣的事情時通常會非常專注，如果做不喜歡的事情時則可能會心不在焉。由此可見對興趣的熱情能讓我們更加專注，因此培養從興趣中去體會專注的感覺，就能夠變得越來越能專心的做事，漸漸形成習慣後，各方面的表現都會跟著進步。

自我管理我最棒

　　想讓自己專注力提升，需要長時間訓練來養成習慣，雖然不容易，但只要漸漸習慣後，做任何事情都會變得更有效率。尤其是在學習方面，更需要專注力，因此透過分段學習法的訓練，我一定可以讓自己做事更有效率。

・時間計劃・

| 8:00 |
| 9:00 |
| 10:00 |
| 11:00 |
| 12:00 |
| 13:00 |
| 14:00 |
| 15:00 |
| 16:00 |
| 17:00 |
| 18:00 |
| 19:00 |

2 原來這就是番茄工作法

注意力不集中是小風困擾許久的問題，為了進一步提升專注力，爸爸、媽媽推薦新的方法 —— 番茄工作法。小風一開始聽到這個名稱的時候愣住了，經過媽媽的說明後，他才明白這個工作法的意思。原來可以練習專心二十五分鐘，然後休息五分鐘，再專注二十五分鐘，然後再休息五分鐘，如此循環進行，專注力就會漸漸訓練得越來越好。

熊博士有話說

▶▶ 爲什麼番茄工作法是二十五分鐘加五分鐘

> 維持專注的時間通常大約二十五分鐘。

　　經過大量的研究和對照，發現人的專注力最長保持二十五分鐘左右，通常間隔五分鐘的休息後，可以明顯舒緩壓力，讓人獲得持續的專注力，因此再下一個二十五分鐘可以更投入。

▶▶ 番茄工作法的練習步驟

　　首先準備一個番茄鐘（或是計時器）、筆、功課清單（聯絡簿），就可以開始訓練。首先確認今天有哪些功課，或是預備完成的任務；然後設定好計時二十五分鐘（第一個番茄鐘）就專心寫功課；計時器響了之後記錄進度並休息五分鐘；然後接著下一個二十五分鐘（第二個番茄鐘），繼續專心完成進度。每四個二十五鐘後（第四個番茄鐘）可以休息三十分鐘——這就是完整的番茄工作法練習步驟。

1、確認今天聯絡簿上的功課

2、設定番茄鐘二十五分鐘

3、開始專心寫功課

4、紀錄已完成的功課

5、休息五分鐘

6、四個二十五鐘後，休息三十分鐘。

▶▶ 練習過程需要注意的事項

> 我好想去上廁所。

　　一個番茄鐘內（二十五分鐘）要儘量降低干擾，如果真的遇到必須停下來的特殊情況，譬如遇到上廁所、喝水，可以先暫停後再回來繼續。如果暫停比較久的狀況，例如同學打電話來問功課，那就要放棄這一次的番茄鐘，等和同學講完電話後再重新開始計時。

126

自我管理我最棒

經常使用番茄鐘，讓我對時間的管理越來越好，效率自然就提升了。不過番茄工作法適合用來完成需要高度專注的學習，一般日常生活的事情可以用其他的時間管理方法，分輕重緩急來彈性完成各種任務吧！

・時間計劃・

8:00

○ ⬜

9:00

10:00

○ ⬜

11:00

○ ⬜

12:00

○ ⬜

13:00

○ ⬜

14:00

15:00

16:00

17:00

18:00

19:00

3 分析完成時間，提升做事效率

> 時間不夠了！
> 考卷寫不完！

做任何事都需要花費一定的時間，所以學會分析預估完成一件事的時間，才能做到心中有計時器，按進度完成任務。小風平時習慣隨興，因此經常錯估時間，最後就事情變成一團亂。像是期中考沒規劃複習進度，或是考試沒留意分配寫題目的時間，結果還剩很多題來不及寫，甚至起床後慢吞吞，因此上學遲到……等等，這些經驗讓小風更加意識到學會管理時間的重要性。

> 哇！烤箱寄來了！

> 今天我們來吃燒烤大餐，我來準備食材。

▶▶ 用計時器來分析做事所需要的時間

　　我們一開始在做事的時候，可以用計時器來分析需要多久時間，這樣漸漸就能知道哪些事比較費時，哪些事可以快速做完。像是小風家的燒烤大餐經驗，依食材特性來分配烤箱，雞排要烤二十分鐘、馬鈴薯需要十分鐘烤熟，將烤盤分一半放馬鈴薯、一半放雞排，同時一起烤十分鐘後就可以先吃到馬鈴薯，接著只要再烤十分鐘就能吃到雞排，如此安排不但節約時間也節省能源。

▶▶ 練習可以感受到時間，有條不紊地完成任務

這件事是一首歌的時間。

　　其實生活中我們難以對每件事做出精確的計算時間，因此可以試著練習去感受時間。只要我們的時間感變敏銳，就能掌握做事的節奏，每件事都可以有條不紊地完成。

自我管理我最棒

　　學會分析和計算完成一件事情需要多少時間，就能掌握生活和學習上重要的時間管理訣竅——練習提高效率的第一步，讓我們一起來增加時間敏銳度吧！

· 時間計劃 ·

4 記錄後可以觀察時間的去向

為了更有效管理時間，小風開始進行時間記錄，把每天做事情的時間都記錄下來。透過記錄就可以清楚看出來一週、一個月的時間最常用在哪裡。小風對爸爸、媽媽建議的這個紀錄方法非常有成就感，因為他看到事情一步步完成的記號。

原來一週的時間可以做這麼多規劃啊！

一分鐘漫畫

每天要完成的事情看起來真亂啊！

想到什麼了呢？

133

▶▶ 做記錄來分析，幫助提高效率

這週的時間管理很棒喔！

哈哈哈哈！

　　在學習的過程中，反省和檢查是很重要的環節，利用記錄能明確的看到自己每天的時間用在哪裡，分析過後還可以直接改善時間管理。譬如這週哪件事最耗時？哪些事可以少花一點時間？哪些事想做卻沒時間做？當我們清楚原因之後，就能持續調整時間管理的方法。

▶▶ 記錄要簡短，以主要事項欄位為優先

　　記錄的表格內包括每日要完成的事項，譬如早睡早起、番茄工作法⋯⋯等欄位。內容不用太繁瑣，只要重點紀錄主要事項就可以了，否則記錄反而耗費過多時間。

紀錄可以再更簡短一點。

自我管理我最棒

　　對每天完成的事進行記錄有兩個作用：一方面是一種督促，給自己進度的壓力，另一方面也會讓自己產生成就感。每天在待辦事項欄位打勾，會產生更靠近成功的自我鼓勵。善用記錄是一件值得堅持的事，持續做好它時間管理會更進步。

· 時間計劃 ·

5 學會整理和收納，節省更多時間

我不懂整理收納和時間管理有什麼相關呢？

　　有些小朋友在家不做家事，是因為有些父母會認為小孩只要專心讀書就好。其實做家事可以訓練我們動手整理和收納的能力，進一步可以增加有條不紊地安排時間的能力，同時也提升了對知識的歸納能力，而增加更多學習效率。小風的媽媽讓他練習整理和收納自己的房間，一方面是想培養他的生活習慣，另一方面是想幫助提高他運用時間的能力。

一分鐘漫畫

我的襪子在哪裡呢？

整理完好整齊，趕快請媽媽來看！

▶▶ 懂得整理和收納的重要

　　能夠把房間整理得井井有條，相信一定也是條理分明、行動力強的小朋友。因為擁有整理和收納的好習慣，也表示邏輯思考的脈絡清楚，學習正好需要很強的歸納能力，才能夠將課堂上所學知識，收納整理進大腦的記憶中。

▶▶ 養成隨時整理用品的習慣

　　上學會用到的文具、課本……等，如果雜亂無章會直接影響學習的效率。我們可以試著用兩個步驟來進行整理：首先列出清單，對需要帶的用品進行分類，再來檢查清單上用品是否齊全。每天放學到家後都要記得檢查和整理，隨手補充和及時收納。

檢查才能預防遺漏。

自我管理我最棒

　　剛開始學習整理和收納會覺得這是件枯燥無聊的事，因為會經歷一段較長的時間要把堆積許久的物品分類，需要一點耐心。但是逐漸養成習慣後，能夠維持很久——因為我們可以更方便、更快速地找到東西，提高做事效率的成就感。

第七章

做自律的孩子，
做時間的主人

自律管理時間很重要

放假的日子好自由！

　　開始放暑假了，小風因此日常作息產生了巨大的變化，先前的規律作息幾乎完全打亂，變成晚睡晚起，看電視沒節制……等，暑假就成了他最快樂的時光，但是就這麼自由自在一陣子後，小風反而開始覺得無聊了。於是他決定請教小花，看她是如何安排暑假，當小風知道小花對假期的時間管理後，讓小風驚訝不已。

好無聊！來問問看小花怎麼安排暑假。

小花，我是小風。

> 如何管理自己的時間？腦力激盪？

▶▶ 展開腦力激盪，主動管理自己的時間

　　假期的到來，讓許多小朋友變成了脫韁野馬，他們的作息瞬間失去規律。如果假期每天都在玩，等到開學前會發現很難收心回來。所以想讓假期過得更有意義，就開始規劃和管理自己的時間吧！進行腦力激盪，開始計劃有趣的事，來培養管理時間的能力。

▶▶ 時間管理可以內容豐富

　　小朋友管理時間的練習，內容可以豐富多樣。譬如：學習進度外，還可以安排一些自由研究時間，用來探索感興趣的才藝——畫畫、練字、跳舞、運動……等都可以試試看。

自 我 管 理 我 最 棒

　　假期裡可自由運用的時間會比平時更長也更寬鬆，我們可以有效規劃讓美好的假期充滿回憶——利用這段時間，去做一些喜歡的事、探索一些興趣。其實不論是在什麼時候，我們都要記得管理時間的概念，這樣才能好好珍惜每分每秒。

· 時間計劃 ·

我的時間銀行

時間就像流進大海的河水，一去不復返。小風卻突發奇想要把時間存進撲滿，這是怎麼回事呢？原來為了鼓勵小風更加認真用功，爸爸、媽媽為他開了一間「時間銀行」，每當小風完成一項任務，就可以得到一定比例的時間集點，這些點數可以用來兌換獎品。譬如功課提前三分鐘寫完，這三分鐘就寫在紙條上存進撲滿，集起來的分鐘數可以兌換書本、外出旅遊……等獎品，是不是很好玩呢？你也試著為自己開一間「時間銀行」吧！

一分鐘漫畫

▶▶ 時間集點的規則要遵守

為什麼這次我提前完成，只有一分鐘的時間集點？

因為你這次有要訂正的地方！

時間集點是兼具品質和效率完成任務後得到的獎勵，所以需要父母幫忙確認。想要兌換獎勵品，就必須耐心、用心的完成任務。有獎勵也有處罰的制度可以讓我們更進步，所以練習一段時間後，也可以開始設定目標，假設提前三分鐘完成可以獲得三分鐘，那麼超過三分鐘也要扣掉三分鐘。

▶▶ 獎勵品可以更多樣化

兌換的獎勵品，我們可以和父母討論一起決定。譬如五十分鐘可以換一本喜歡的書，三百分鐘可以去遊樂場玩……等等。獎勵不一定都是吃的或玩的，可以更多樣化。

現在有兩百分鐘，可以兌換去遊樂場玩了。

兌換遊樂場是三百分鐘，你還要再存一百分鐘。

自我管理我最棒

「時間銀行」儲蓄的是靠自律節省出來的時間，累積的時間越多，表示效率越高。尤其還搭配各種獎勵，當我們體驗到成就感後，相信一定會對管理時間更加感興趣，因為我可以節省時間來做更多有意義的事。

• 時間計劃 •

3 利用零碎時間做有意義的事

　　期待許久的連假來了，小風要和爸爸、媽媽一起去看兵馬俑。因為路途遙遠，要搭長途火車過去。出門前爸爸幫小風準備幾本漫畫書，小風看到了不是很懂爸爸為何這麼做⋯⋯。

> 爸爸，我們出去旅行為什麼還要帶書呢？

> 因為搭車時間很長，這可是好好享受閱讀的好時光。

熊·博·士·有·話·說

▶▶ 一起認識零碎時間

仔細看看我們一天之中，其實有許多零碎的時間，這些時間比較短，如果我們可以利用這些時間來做一些事，時間管理會更好。

仔細看看我們一天之中，其實有許多零碎的時間，這些時間比較短，譬如出門前的十分鐘，等車、搭車的十五到二十五分鐘，或是下課的十分鐘、上學和放學的十五分鐘，還有排隊、等預約叫號的時間……等等。這些就是所謂零碎時間，如果我們可以利用這些時間來做一些事，時間管理會更好。

▶▶ 零碎時間積少成多要有效利用

零碎時間積少成多，有效的利用方法是拿來做一些輕鬆的事情，而不是完成繁重的任務，譬如可以拿來背英文單字、聽節目或聽歌、看看喜歡的書，或是內心沉澱、整理思緒、預習下一堂課的內容……等等。

好！零碎時間也要好好利用！

小風，我們邊走邊背今天老師教的詩吧！

自 我 管 理 我 最 棒

雖然只看一天的話，零碎時間看起來比例上並不多，但是日積月累也是非常可觀。我們用零碎時間多學習知識、多發展興趣愛好……等，譬如說每天在零碎時間裡讀一首詩詞，一年後就會讀完三百六十五首——由此可見零碎時間也很重要，不過每日要持續是不容易的，需要我們堅持不懈的毅力。

· 時間計劃 ·

玩遊戲不沉迷的方法

　　遊戲的強烈吸引力，不論大人還是小孩都很難抵抗。小風自從迷上一些網路遊戲後，每次一玩就像上癮似的停也停不下來，因此最後都是被強制關機，小風對此也很生氣。不過他發現每次只要停下來後，就不會再繼續想玩了，因為冷靜下來會發現還有很多其他事可以做——網路遊戲會佔用我們大量的時間，讓我們荒廢學業，所以我們必須控制玩遊戲的時間。

153

▶▶ 盡可能遠離網路遊戲

> 睡眠不足、精神不好而且視力模糊。

　　沉迷於網路遊戲，會影響我們的身心健康，聲光過度刺激加上睡眠不足讓大腦加倍疲勞，導致精神不好、視力下降等，最重要的是會影響學習——現階段沒有什麼比學習更優先的事了，因此我們要盡可能遠離網路遊戲。

▶▶ 適時玩一些益智遊戲

　　益智遊戲對大腦有幫助，譬如有象棋、魔術方塊……等，在閒暇的時候玩一玩，既可以放鬆片刻，又可以增加大腦靈活度。

自我管理我最棒

　　玩遊戲的目的是放鬆心情，因此要留意遊戲可能造成的其他狀況，譬如變成整天拿著手機，只想著玩遊戲。這樣不但沒有達到放鬆的目的，甚至還有時間管理的困難。所以休息時間可以多規劃戶外運動，或是培養其他的興趣，不但一樣能從中找到樂趣，而且自我管理更容易。

・時間計劃・

5 我的未來可以提前規劃什麼？

一百歲？那我現在才八歲，要是可以活一百歲，那還有九十多年，屬於我的時間才剛剛開始！

小風，你準備未來做些什麼呢？

烏龜能活幾百年，人類其實也可以活一百多歲。

　　晚餐後小風和爸爸、媽媽在客廳看《動物世界》，這是小風最愛看的電視節目之一。當他聽到烏龜的壽命最長有幾百年時，一家人開始聊生命長度的話題。爸爸說：「烏龜能活幾百年，人類其實也可以活一百多歲。」小風聽到爸爸這麼說，接著開心地說：「那我現在才八歲，要是可以活一百歲，那還有九十多年，屬於我的時間現在才剛剛開始！」媽媽說：「小風，你準備未來做些什麼呢？」此話一出，讓小風頓時陷入了思考。

一分鐘漫畫

小花，你知道人能活一百歲嗎？

這大家都知道！

離一百歲還有九十多年，這些時間裡該做些什麼好呢？

▶▶ 未來的時間還很多

九十多年，未來的時間還很多！

時間對每個人都是公平的，但是每個人對待時間的態度卻各自不同。你是屬於每天努力學習，還是天天貪玩呢？請不要覺得未來的時間很多，其實每個階段的時間都是很短暫的，如果你懂得珍惜時間，長大後就會留下許多美好回憶。

▶▶ 用心做好當下的事

也許我們無法詳細計劃未來的每一天，尤其對於小朋友來說，這更是一件不容易的挑戰。所以與其規劃未來的每一天，還不如做好現在每一天當下的事——我們可以認真上課、學習家事、練習運動……等，這一件件的小事做好，就已經累積穩定未來的基礎了。

未來的九十多年要怎麼規劃呢？

自我管理我最棒

爸爸、媽媽總是為我的未來著想，期待我未來可以成為什麼，或是能夠做些什麼，我非常感謝他們的栽培。不過未來還很遙遠，我可以抱著夢想往前走，但是此時此刻是更重要的。我能規劃的就是做好當下該做的事，無論是各方面的知識或是技能，只要珍惜、把握時間，一步一腳印慢慢累積，就能在未來實現夢想。

知識館 0021

我能管好我自己03：漫畫小學生時間管理
我能管好我自己：漫画小学生时间管理

繪・作者	讀書堂（读书堂）
責任編輯	蔡宜娟
語文審訂	張銀盛（台灣師大國文碩士）
封面設計	張天薪
內頁排版	連紫吟・曹任華

出版發行	采實文化事業股份有限公司
童書行銷	張惠屏・張敏莉
業務發行	張世明・林踏欣・林坤蓉・王貞玉
國際版權	施維眞・劉靜茹
印務採購	曾玉霞
會計行政	許俶瑀・李韶婉・張婕莛
法律顧問	第一國際法律事務所　余淑杏律師
電子信箱	acme@acmebook.com.tw
采實官網	www.acmebook.com.tw
采實臉書	www.facebook.com/acmebook01
采實童書粉絲團	https://www.facebook.com/acmestory/

ISBN	9786263496576
定　　價	320元
初版一刷	2024 年 5 月
劃撥帳號	50148859
劃撥戶名	采實文化事業股份有限公司
	104台北市中山區南京東路二段95號9樓
	電話：(02)2511-9798　傳眞：(02)2571-3298

國家圖書館出版品預行編目資料

我能管好我自己 . 3, 漫畫小學生時間管理 ／讀書堂
繪 . 作 . -- 初版 . -- 臺北市 : 采實文化事業股份有限公
司 , 2024.05
160 面；16×23 公分 . -- (知識館；21)
ISBN 978-626-349-657-6（平裝）

1.CST: 時間管理 2.CST: 兒童教育

192.11　　　　　　　　　　　　　113004695

線上讀者回函

立即掃描 QR Code 或輸入下方網址，
連結采實文化線上讀者回函，未來
會不定期寄送書訊、活動消息，並有
機會免費參加抽獎活動。

https://bit.ly/37oKZEa

ACME PUBLISHING GROUP